펜 아래 흐르는 강물

펜 아래 흐르는 강물

동시영

현대시학 시인선 069

ㅎ|ㅅ

동시영董時泳

동국대학교 국어국문학과 졸업
한양대학교 국어국문학과 박사 과정 졸업(문학박사)
독일 레겐스부르크대학교 인문학부 수학,
한국관광대학교 교수, 중국 길림 재경대학교 교수 역임

2003년 계간《다층》으로 등단
2005년 한국문화예술위원회 창작지원금 받음
2011년 시와시학상 젊은 시인상 수상
2018년 한국 불교문학상 대상 수상
2019년 제32회 동국문학상 시 부문 수상

시집
『미래 사냥』『낯선 신을 찾아서』
『신이 걸어 주는 전화』『십일월의 눈동자』
『시간의 카니발』『너였는가 나였는가 그리움인가』
『비밀의 향기』『일상의 아리아』

저서
『노천명 시와 기호학』『한국 문학과 기호학』
『현대 시의 기호학』『여행에서 문화를 만나다』
『문학에서 여행을 만나다』

siyoung.doung@gmail.com

시인의 말

펜 아래 흐르는
강물처럼 시를 쓴다

시인은 시로 짓는 사람

시에 몰입하면
시가 내게 몰입해

2021년 새봄에

차례

﹡ 시인의 말

1부 말의 하늘에 오로라가 뜬다

독백과 방백 사이	14
노동에 빠져야 삶을 건지는 사람들	16
말의 하늘에 오로라가 뜬다	18
사진 속으로 흐르는 강	19
영화가 사람을 보다	20
하늘 바다에서 물고기를 낚다	22
감자를 깎다가 우주를 깎다	24
신화가 우거진 동굴	26
웃음 하나 불러 타고	27
미소를 들고 돌을 깎았다	28
해풍이 혀를 내어 핥아 주고 갔다	30
코스모스	31
보이지 않는 것은 보이는 것의 이정표	32
앙상한 앙가주망	34
세상 한 채	36
집 나갈 집도 없다	38

멀리 사는 그리움 하나	40
목숨엔 눈물도 모르는 슬픔이 있다	42
눈 내리는 날	43
오늘 흘린 시간	44

2부 물방울에 기대어 엿보다

그리움만큼 마다	48
바람에 살짝 섞여 불다 나온 시	49
산할미 사설	50
산노루	52
산골 이야기	53
환상, 봄날	54
물방울에 기대어 엿보다	56
연꽃	57
사치로운 산	58
선녀탕	59
산책	60
복숭아 아줌마	61
탯줄	62
하루살이	63
몰아의 방향	64
박새	65
방울새	66

웃음 하나 나 하나	67
옛날의 그림자처럼 강이 흐른다	68
가을 숲	70

3부 사랑에 나부끼는 돌

나무에서 흘러나오는 강	72
과거는 가끔 지금 여기의 의자에 앉아 있다	73
소리를 찍는 카메라	74
행복도 틈이 있어야 들어 온다	75
다가의 노래	76
얼굴 이야기	80
오랑우탄	81
허수아비	82
장마	83
행복을 쓰는 잉크 같은 지금	84
나체 같은 웃음	85
사랑에 나부끼는 돌	86
사랑에 물들지 않으면	87
의자	88
또 하나의 계절	89
마음 뒤뜰로 나가 보다	90
산책 또는 놀이	92

물속에 바람 속에	94
시간을 불러오라 공간이 텅 비어 있다	96
말들이 사랑하면 시가 된다	98

※ **해설**
감각의 교란과 주객의 전도 | 장영우(동국대 교수·문학평론가)

1부
말의 하늘에 오로라가 뜬다

독백과 방백 사이

새벽,
한 송이 소음처럼
내가 깨어 있다

하루치 나이테처럼 바퀴를 돌리는 마을버스들이
도시의 요정처럼 재잘대고
소음 나무 잎사귀처럼 나부끼고 있다

장마에 강으로 떠내려가던 황토는
나뭇잎에 걸려 오도 가도 못하고
누군가 버린 페트병이
나뭇가지에 끼워
나무춤 한 번 배워 보고 있다

산 아랫마을이 구름처럼 떠 있다
마을이 눈썹으로 그려 넣은 진한 산이

하느님의 시선처럼

슬퍼하지 않는 눈물,

낙엽을 키우고 있다

사람 하나,

제일 편한 의자는 나라고 독백하고 가자

산이 쓰윽 밀려 나갔다

중심이던 산이 배경이 되었다

혼자 사는 하늘은 얼마나 외로울까

하늘이 큰 입 열어 방백하고 있다

독백이 방백 사이에서 울리고 있다

노동에 빠져야 삶을 건지는 사람들

노동에 빠져야 삶을 건지는 사람들

사는 건 눈물겨운 웃음
섞임을 딛고 홀로 선다

나도 내가 만든 내 것이 아니다
날마다
남이 만든 나를 내 것처럼 쓴다

사람들은 걸어 다니는 유성
날마다
보이지 않는 시간에서 공간까지 가서 산다

사랑하다가 사랑해지고
쓰다가 써지고
듣다가 들리는
절대 능동으로 절대 수동을 만든다

길에서 만난 조약돌을 흔들어 보자

먼 바다에서 흘러오는

파도 소리가 났다

말의 하늘에 오로라가 뜬다

눈 내려,
하늘과 땅이 눈인사한다

바람 속에서
원시의 입술이 피리를 분다

뜰 앞 나무는 은하수에 드리운 낚시

우아한 백조,
백지의 날개 위에 시를 쓴다

말의 하늘에 오로라가 뜬다

지나가던 별빛이 시에 들어와 춤추다 간다

밤이면 아주 작아지는 우주
내 곁에 앉아 놀고 있다

사진 속으로 흐르는 강

비가 오자,
사람들은 우산 속으로 흐르고
어떤 사람들은 마음속으로 깊이 흘러들고

포물선 바지 입은 하늘 아래
물고기가 포물선으로 뛴다
몸 비늘 후레쉬 반짝여
사진 한 장 찍고 갔다

내가 찍은 물고기 사진엔
사진 찍는 물고기가 찍혀 있었다

삶은 서로 구경하기라고
강이 내 사진 속으로
흘러들고 있다

영화가 사람을 보다

텅 빈 영화관

관객 너댓

빈 공간이 외계인처럼 앉아 있다

스크린에서 나온 영화가 관객을 구경한다

사람 하나가 영화 하나라고

스스로 감독하고 연기하는

사람들이 웃자 영화도 따라 웃고

영화가 울자

사람들도 따라 울고

엉긴 하루를 빗겨주려고

빗살 비가 내린다

우산은 안 쓰고

마스크만 눌러 쓴

한 남자가 지나가고 있다

하늘 바다에서 물고기를 낚다

천둥은 비의 추임새

비로 포장한
포장마차 속

빗줄기 낚시로 하늘 물고기 낚네

싱싱한 안주

흐릿한 허공 막걸리

마시다 취하다 듣는

겨울 한 잎 싹트는 소리

내가 좋아하는 걸

봄처럼 시작해야지

감자를 깎다가 우주를 깎다

감자를 깎다가
우주를 깎았다

화성 씨눈이
목성 씨눈이
씨눈 하나가 별 하나다

감자는 땅 속에서
우주를 만들어 왔다

둥근 우주에
씨눈이 별들
씨눈이 목숨들

감자를 깔 때마다
하나씩 열려오는
별들의 성문

와르르

별들의 함성이 들려온다

신화가 우거진 동굴

가을 산,
잎 볼에 떠오르는
발그레한 부끄러움
부끄러워하다
끝내 숨어버리고 마는

바위가 비스듬하다
한 번 비스듬한 바위는 만 년 동안 비스듬하다
시간 침대에 누워 쿨쿨 잠자고 있다
꿈속으로나 함께 걸어 다녀 보듯
비스듬히 들여다본다

지금,
그림에서 떨어져 나온 잎들이
원무 속으로 들어가고 있다

신화가 우거진 동굴 속으로

웃음 하나 불러 타고

붉은 칸나 꽃밭 속 자카르타 사람들
오토바이 타고 도시를 연주하네
나도 웃음 하나 불러 타고 나를 연주하네

미소 짓기는 삶 짓기
밥 짓듯 미소를 지어야지

자주 피는 꽃처럼 자주 웃어
춤추는 몸처럼 웃는 몸이 되네

짜증에게 삶의 즙을 짜주지 말아야지

이유 없이 웃으면
이유 없이 행복해

미소를 들고 돌을 깎았다
— 보로부두르*

미소를 들고 돌을 깎았다

돌은 한 번 웃으면 그칠 수 없다

낙원을 달고 다니는
꽃들의 후손 같은 열대 얼굴들

시간은 둘러싼 병풍
밀림은 식물로 짠 그물
그 속에 잠겨 들어 시간 물결 세며
진줏빛 상처로 아우라를 그렸다
저물지 않는 태양으로
하늘 풍경風景 치고
사람들 마음 열어
새 맘 길 열어 준다

*인도네시아 불교 사원. 세계 문화유산.

어디든 지나가러 온 지구인들은
신성한 기적 너멀 지나가 보고 싶어
저마다의 까치발을 띄어 보고 있었다

해풍이 혀를 내어 핥아 주고 갔다

바닷가 횟집

회 한 점
풍경 한 점
시 한 점

자연산 회 같은
자연산 시 한 점

히말라야 표범 같은
야생 시가
언뜻언뜻 보인다

해풍이 혀를 내어 핥아 주고 갔다
새끼를 갓 낳은
어미 소처럼

코스모스

코스모스가 피자
큰 나비처럼
날아든 사람들

꽃 따라 웃다가
나비 따라 날아간다

꽃들은 알까?
그들이 피어 있는지

질문을 지고 다니는 계절의 등에
바람이 하늘 잉크 찍어 쓰고 있다

꽃길에도 지는 길이 있다고

보이지 않는 것은 보이는 것의 이정표

소음은 삶의 맥박

오직 지금들만 사유 재산

퇴계로 뒷골목,

어느 영원으로 가는 길이냐

의식처럼 떠 있는 뒷골목이

무의식처럼 헤엄치고 있다

한 조각 빙산처럼

공간 위에 떠가는

빵집 미장원 식당

순아 철아 바람 장미

보이지 않는 것은

보이는 것의 이정표

태초부터 지금까지

마침마다,

그 많은 사람들이 꿈에서 깨어났어도

아직도 깨어나지 않은 사람들의 꿈

다시 또 꿈꾸려는가?

저녁이

한 겹 한 겹

어둠을 껴입고 있다

앙상한 앙가주망

무얼 따려고 날마다 시간 나무에 오르나
삶은 앙상한 앙가주망
나는 나를 비추는 태양

지금은 키 작은 시간
어디로 뛰려는지 모르는 공
묻지마, 묻다가 물음에 물려
비밀은 삶을 여는 열쇠

어디선가 들려오는
아이들 공부하는 소리
나도 저러다가
에덴에서 쫓겨났나?

그래도 삶은 행복

불행도,

불행으로 포장한 행복

세상 한 채

낡은 새 집
세상 한 채

무슨,
주인이나 있는 것처럼 넘치는 사람들

누군가
밤을 줍고 있다
밤을 주우면서
세상 한 톨 줍고 있다

사람은 시간 다람쥐
날마다 오늘을 주워 먹는

숨은 신처럼 숨은 일이 있다

일 없으면 일 날까 봐

신이 주신 장난감

집 나갈 집도 없다

불볕더위,
땅도
나무들을 힘껏 손에 쥐고
부채질한다

시간마저도
귀족 시간만 골라 쓴다는
사람들 따라 법이 사는 세상

간도 쓸개도 있다 없다 해야 사는 사람들이
돌림 노래처럼 오늘을 부른다

그냥
숨소리나 쓰고 살라고
일벌처럼
꿀이나 자꾸 만들라고
외쳐대는 큰 목소리

꿀벌들도

홧김에 집 나간다는데

집 나갈

집도 없다

멀리 사는 그리움 하나

겨울은 봄을 품은 암탉

너무 힘들어

갈대 깃털도 푸슬푸슬하다

봄날의 다디단 꿀도

벌들의 쓰디쓴 노동으로 만든다

추위에 지친 나무들도

제 손으로 엮어 만든

뿌리 의자에 앉아 쉰다

그림으로 들어가고 있는

한 남자가

겨울 가지에서

고드름 열매 하나 따 먹고 간다

멀리 사는

그리움 하나

만나러 가나 보다

목숨엔 눈물도 모르는 슬픔이 있다

꽃이 진다
비워야 봐 줄 수 있는 거울처럼
꽃을 지우고 있다

새 꽃을 보여주려고
바람이 닦아주고 있다

꽃 지고 남은 줄기를
손거울처럼 잡아 본다
허공 거울이다

목숨엔
눈물도 모르는
슬픔이 있다

눈 내리는 날

꽃 아닌 것은 없다고
온 세상이 다 꽃 피어나고 있다

날마다 걸어 다니는 길이
꽃길이라고
모든 길이 다 꽃가지가 되고 있다

아이들 나와
미끄럼 타다
송이송이 꽃웃음 된다

길 가
눈사람 하나
꽃사람 웃음 피우고 있다

오늘 흘린 시간

오늘 흘린 시간이 사라지고 있다
싸락눈이 하루를 쓸어낸다

노을이 불춤을 춘다

불경기에 시달리다 술집을 마셔버린 술들이
나와 흔들거리고 있다

소금 같은 흰 머리로 청춘을 절인 여자가
눈물 많은 나라의 왕비처럼 혼자 울고 있다

표정나무,
사람들 지나가고
발자국은
삶의 비밀을 쏟다
닳아빠진 미소를 간판으로 내건

카페 아가씨 얼굴 너머로

사람들이 자주 써 주지 않아 외로운 말들이

그림자처럼 지나간다

밤이 어둠 열자

사람들 잠 속에선

꿈이 떠오르고 있다

방랑에 잡힌 랭보의 꿈처럼

그물 속 생선으로 팔딱이고 있다

2부
물방울에 기대어 엿보다

그리움만큼 마다

산속 집들이 그리움만큼 마다 선 곳

이씨 할아버지네 감자싹이 듬성듬성 뜯겼다
어젯밤 고라니가 먹어보고 갔나 보다
쓰린 팔 호호 불며
들깨가 부럽단다
고라니는 들깰 안 먹어
뜯기는 일 없단다

검붉은 토종닭이 푸르락 붉으락 싸운다
뻐꾸기가 뻐꿈뻐꿈 담밸 피우다가
수놈이 두 마리라 암탉 싸움 잦다 하자
순간이 배를 다 내놓고 키득키득 웃는다

앞 개울 가재와 소금쟁이가
물이 서로 제집이라 싸워대고 있다

바람에 살짝 섞여 불다 나온 시

원두막, 바람이 벽이다
벽 없는 벽이 바람 속 거울이다
네 개의 기둥만이 나를 지켜본다

피어나는 송이마다 꿀벌이 꿀 모으고
피어나는 순간마다 나는 시를 모은다

내가 흰 종이에 시로 길을 내자
지나가던 개미가 그 길로 들어와
혼자 쓰던 내 시를 같이 쓰고 갔다

산할미 사설

깊은 산 깊은 골
산 깊어 마을 깊어
광활을 키워 걸고
자부자부 그 자부
시간의 토지 깔깔 딸따라 붐붐
발인가 손인가
딛고 만져 보았겠다

돌돌 말린 돌이 몸 굴려 맘 굴려 살 듯
흘러 굴러 지굴러, 자굴러 굴러 살았었지
꿈 꼴깍 삼키고 무섭게 살았었지
나날이 달아나는 시간 따끔 침 맞고
나달이 지나가는 나이 쪼끔 정 쪼끔

추위가 맵고 맵다 봄이 깨어나오면
닳고 닳은 앞치마에 봄을 받아 안았지

고생이 양식인 양 굶고 먹고 살았지
송사리떼들 모양 무리져 다니면서
산에 산나물, 들에 들나물 캐
따라 따라 딸따라 지그보그 자그보그

차차 봄 차올라 봄꽃 술렁 일렁일 때
벌떼들 떼 지어 날아, 산 들 꽃여자 다 따갈 때
봄바람에 맘 바람이 나들고 노들고 한다 해도
그냥인 듯 마주 보다 웃기에다 모른 체했지

다 지고 난 꽃처럼 시들버들 하다가
할미꽃 예 저기 핀 듯 만 듯하였다네

산노루

흐르고 닦아 거울 된 계곡물
암노루 한 마리 거울 보러왔나
순간만 보여주고 다시 볼 수 없었다

보고도 못 본 순간 만남 이별

내 눈 속엔
이내 노루꽃이 피어나
온 봄 다 가도록 시들 줄을 몰랐다

산골 이야기

순간에 순간이 꿀벌처럼 드나들고
살진 송사리가 물풍금 칠 때
휘~휘휘횟
휘파람새 노래가 날아오르고

산 족제비 두어 마리
쪽진 머릴 자랑하자
산 다람쥐 힐끗할끗
제 머릴 만져 본다

열매 밴 돌배나무 배불러오는
황씨 아저씨네 능이백숙 냄새에
지나가던 고라니가 침 삼키고 간다

환상, 봄날

가루받이 씨받이
떨어진 풀씨 하나에도
사랑이 깊이 뿌리내린다

공간을 흐르는 날개
나비는 날아다니는 갈등

어제 핀 냉이꽃이 해끗해끗 웃고
꽃다지가 꼿꼿하게 봄을 다지네

연분홍 철쭉꽃 함박웃음 웃고
작자작 자작나무 춤추듯 걷네

홀딱벗어새*가 날며 이 산 저 산 다 웃기자
마주 보는 산봉우리 눈웃음 씽끗

* 검은등뻐꾸기

산에 산에 산속

누구의 숨소린가?

화들짝 놀라다 만나는

처음 본

저

봄

물방울에 기대어 엿보다

비 내려 물 내려 하늘 내려
참고비 고사리 발랑 터질 때
산이 혼자 나와 목욕하고 있다
날마다 할 일이 산처럼 쌓여 있어
이제야 겨우 목욕한다 했다

산은 부끄러워
초록 옷 입은 채
세상 몰래 몰래
목욕하고 있다

물속에 흐르는
시간 주점 손님들
물방울에 기대어
엿보고 있다

연꽃

너무 늦게 연꽃을 만나러 갔다
기다리던 연꽃은 가고 없었다

못 만난 허기를 채워 넣으라고
연밥을 가득가득 지어 놓고 갔다

내년엔 꼭 만나보자고
까만 씨 글씨를
꼭꼭 박아 놓고 갔다

사치로운 산

산은 고독하지도
검소하지도 않다

산속 거긴 꽃향기 넘쳐나고
새들 노래로 더욱 사치로운 곳

그 모든 것들이 가득으로 넘쳐
계곡물 혼자서만 넘치는 건 아니다

선녀탕

선녀는 아직도 목욕하러 오지 않고
돌배꽃 낙화만 흰 몸 씻고 있네

산철쭉 두세 그루 꽃 든 시녀 같고
돌단풍 꽃잎이 꽃 타월 같네

날아온 송홧가루 분
고운 살결 가꿔 주네

산책

산책은 산뜻한 책

산인가 신인가 신비로운 그곳
맑은 물 다스리는 다슬기떼들
심심한 계곡물에 간하는 소금쟁이

어느 하늘 선녀가 심어 놓았나
개울가 개복숭아
포실포실 솜털 얼굴

졸고 있는 들 깰까 봐 살금살금 걸을 때

계곡물이 툴툴거리며 흘러가고 있다

산에서 쫓겨난 물인가 보다

도시로 가는 게 싫은가 보다

복숭아 아줌마

누구나 마음 뺏기게 꽃피던
복숭아나무 얼굴이 부스스하다

다닥다닥 달라붙은 새끼들을
온종일 젖먹이고 섰다

복숭아 아줌마는
언제 시집을 갔나?

탯줄

산 숲
그 모든 새싹 나오듯

내 맘속 생각씨
하나씩 싹터오네

말씀을 비벼 넣은 기록장처럼
조글조글한 잎을 펴 보여주고
갓 태어난 송아지 새끼처럼
생각의 털이 포슬포슬하다

아, 탯줄을 잘라줘야겠다

소쩍새가 전설 문을 열고 있을 때

하루살이

내 눈이

갓길인지 알고

끼어드는 하루살이

숲속 반공중

하루살이 가득 난다

교통 체증이 도시보다 더하다

몰아의 방향

시간에 물린 뱀이 찔레꽃 숲에 껍질 벗고 가자

찔레꽃도 흰 꽃 피워 허물 벗고 가고

태양도 햇살 피워 허물 벗고 갔다

박새

고요가 붐비는 산속

나나니 꿀벌 산 들새 하루살이

반공중 길인가 혼합의 종소린가

고대의 상형문자, 바위 너댓이

달그락 문 열고 나와 하품하고 있을 때

제집인가 쥐구멍 들던 산 다람쥐 한 마리가

재 재 재바르게 도망쳐 나가고

산속 온

나의 독백 그 틈새로

날아가던 박새가 말 걸고 간다

방울새

신새벽 여섯 시
꿈에서 나올 무렵
탁탁 타다닥 온 창문을 날두들겨
꿈에 꿈속인 듯
잠 열고 내다보니

흐릿한 몸 그림자
어제 본 그 방울새
오늘도 말없이
날아가고 말았네

새를 따라 날던 내 마음 펜으로
기다림 백지 위에
편지를 쓰네

웃음 하나 나 하나

태양은 왜 붉은 눈으로만 뜰까

태양도 사람들처럼 날마다 힘든가 보다

하늘도 사람들 세상처럼 다들 바쁜가 보다

온종일 고구마를 캔다

아니, 울퉁불퉁을 캔다

못생긴 놈일수록

잘난 척한다

못 생길 권리도 없는

사람들은 너희가 부럽단다

피로가 저녁을 만들고 있다

별 하나 나 하나 하지 말고

웃음 하나 나 하나 해야겠다

옛날의 그림자처럼 강이 흐른다

흐름의 입술로 말하고 있다
옛날의 그림자처럼 강이 흐른다

새들은 모여 합창하고
바람이 춤추며 지휘하고 있다

풀들은
씨로 가는 길고 긴 길에
뿌리 붓 꺼내
그림 그린다

살구꽃 눈 뜬

햇살들이 나와

처음 본 풍경처럼 웃어 주고 있다

무슨 좋은 일이나 있는가 보다

가을 숲

참나무 아래서 도토리 먹던 다람쥐가
고개 까딱까딱 고맙다 절하자
참나무가 됐다 괜찮다 한다

여름보다 조금 여윈 가을바람은
사람들 눈에 잘 보이지 않는
작은 꽃들이 외롭게 피어 있어
그 꽃들 봐주러 간다고 했다

눈보다 더 멀리 보는 귀가
소리 거울로 듣고 있을 때
가을 잎이,
한 편의 시를 떨구고 있다

3부
사랑에 나부끼는 돌

나무에서 흘러나오는 강

강물은 모든 목숨의 이정표

사람들과 낙엽이 서성인다
열리고도 닫힌 문
세상 어디에도
제집 없음을 알기 때문이다

씨에서 씨까지 가는 한 해
풀림에 놓인 풀들의 발자국이
까만 씨에 앉아 있다

나무가 잎을 떨구고 있다
아니, 흘려보내고 있다

나무에서 시간의 강이 흘러나오고 있다

과거는 가끔 지금 여기의 의자에 앉아 있다

모르는 이의 얼굴처럼 오늘이 왔다

몸뚱이 없는 몸부림 허공이 떠 있다

가을 마음에 우산을 씌워줘야겠다

가을이 상사화까지 왔다고
산국화가 나와 꽃잎 길 닦고 있다

죽어도 사는 꽃
바위가 웃으며
선사의 소식을 읽어 주고 있다

과거는 가끔 지금 여기의 의자에 앉아 있다

소리를 찍는 카메라

추억의 맨발 같은 풀들이 풀피리 부는 풀밭

매미 껍질이 노래의 끝처럼 고요하다
목숨은 텅 빈 것이라고
텅 빈 목숨을 가득 담아 놓았다

귀는 소리를 찍는 카메라

시간을 윤낸
소리 길이 반질반질하다

반복의 혀
귀뚜라미 소리가
점묘법 화폭으로 스며들고 있다

행복도 틈이 있어야 들어온다

음식을 꼭꼭 씹어 먹듯
생각도 꼭꼭 씹어해야 해
생각에 체하면 마음이 아프니까

마음이 피우고 있는 담배를 본다

입에 문 담배처럼 마음을 태우네

행복도 틈이 있어야 들어온다

마음속 셀 수 없는 외계,
거기 가 좀 쉬어야겠다

다가의 노래

따라!
지금을
장밋빛 와인처럼

주머니 속 동전처럼 헤매다니다가

회오리바람으로 부는 후회를 바라보다가

이슬비와 함께 내리다가
슬픔은 삶에 내리는 이슬비라 생각하다가

멈추지 않는 바람은 없다고 생각하다가
슬픔도 그렇다고 생각하다가

본능은 삶을 가장 잘 데리고 간다고
뭘 하면서 뭘 하는지 모르다가
어디로 가는지 몰라 잘 가고 있다가

인연은 우릴 키우는 어머니라고 생각하다가

숨결을 풍선처럼 타고 다니다가

그림자를 자꾸 따라 다니다가

옛날의 무성한 소문, 전설을 듣다가

살진 여인처럼 뒤뚱대는 역사를 구경하다가

소리 나그네, 말들을 따라 다니다가

벌이 꽃에서 훔쳐 온 꿀을
훔쳐 가는 사람을 구경하다가
꽃 같던 사람들을 누가 다 훔쳐 갔나 생각하다가

장미가 향기 찍어 나비에게 쓰는 편지를 읽어 주다가

주머니 속 동전도 써야 물건을 가져오듯
써야 시를 가져온다고 시를 쓰다가

삶은 반복의 것이라고
한 가지 몸짓으로 오고 가다가

나무가 새 옷 입을 때
마음도 한 벌 갈아 입힐까 생각하다가

가을날 나무들은 잎을 떨구는데
사람들은 그들의 가을날
아직도 돈을 모은다고 생각하다가

오늘 아침,

수탉은 아침이 오라고 울지 않았다

예쁜 암탉이 오라고 울었다고 생각하다가

바닷가 황혼 산기슭 추억 구름…

모든 난간은 아름답다고 생각하다가

세상 거울에 비춰 보려고 새싹들은 자꾸 나온다고 생각하다가

삶은 끝 없는 배고픔

먹어도 이내 배고픈 나는 누군가 생각하다가

따라!

웃음을

한 잔 와인처럼

얼굴 이야기

회전하는 유전
얼굴은 가장무도회

어디서 왔는지
어디로 가는지 모른다고
두 개의 물음표로 달아 놓은 귀

사는 게
그리기 위의 지우기라고
보는 것으로 본 것을 지우는 눈

말 닦는 칫솔도 필요하다고
이 닦을 때마다
말하는 입

오랑우탄

초봄,
눈 내려 하늘 가까운 날

멀리 바라보는 어두운 얼굴
고민으로 빨간 눈 컸네
고민 고민하다가
하루가 저뭇저뭇

고민은 거슬거슬한 삶의 턱
네 수염처럼 깎아 버리렴

눈 오는 날은
하늘 맘 오는 날

자꾸 솟아나는 슬픔 있거든
눈 속에 살짝 넣어
녹여버리렴

허수아비

허수아비는 헛짓이 일이다

사람도 누가 만들었는지 모를
허수아비

잘 속아야
잘 산다

장마
— 침묵하는 화이트홀

모든 경계를 지우고

흐름만 남겨 두었다

하늘이 땅으로 넘치고

강이 마을로 넘치고

소들과 꽃들과 집들도 넘쳐 흘렀다

하나보다 더 큰 건 없다고

흐름만 남기고

흐르고 있었다

장마는 거대한 지우개

사라지는 화이트홀

행복을 쓰는 잉크 같은 지금

비는 하늘에서 온 악사

천상의 악사들이

지상의 악기들을 연주하고 있다

구름과 파도도

하늘과 바다

두 개의 현을 연주하고 있다

행복을 쓰는 잉크 같은 지금

바닷가 모래톱에 해당화가 핀다

누군가 해당화 꽃잎 현을 켜주고 있다

나체 같은 웃음

쨍쨍한 햇살
쨍쨍한 미소

보로부두르 거기 그 얼굴들
웃음 자글자글 자카르타 사람들

담장 위 노란 꽃 함박웃음 카페
한 올 머리카락에도 히잡 가린 여인들
나체 같은 웃음을 다 내놓고 웃네

웃음 손가락으로
행복을 세고 있네

사랑에 나부끼는 돌
— 인왕산 치마바위

치마를 입었어요

여자 바위예요

이젠

바람에 녹아버린 치마를 입었어요

돌은 역사의 입이라지만

나는 사랑의 입이에요

목석같은 사람이 있다지만

나는 사랑에 나부끼는 돌이에요

어쩌다가

사람들은 가끔,

바위도 못 견딜 슬픔을 견뎌야 한다는 걸

알아버렸거든요

사랑에 물들지 않으면

사랑에 물들지 않으면

삶의 빛깔을 모른다

사는 건

사랑으로 귀향하는

그리움의 시간

생의 첫걸음이

사랑,

거기 있기 때문이다

사랑이 있어 세상은 아직 에덴

내일은 또 새로운 연인들이

사랑할 것이다

의자

의자는 꽃
누군가 나비처럼 앉을 때
비로소 꽃이 되는

삶은 서로의 의자

나는 네게 앉고
너는 내게 앉아
비로소 꽃이 되는

또 하나의 계절

도시는 사람들의 밀림

오토바이가 배달한 음식엔
포장된 고독이 덤으로 따라오고
따로국밥처럼
따로 먹는 밥
음식보다 더 많이 먹는 그리움

무슨 포기라도 한 듯
한 포기 민들레가
시멘트 블록에 끼여
꽃 피고 있다
노랗게 병든 가난을 꽃 피우고 있다

지금은
가난을 꽃 피우는
또 하나의 계절

마음 뒤뜰로 나가 보다

늦가을 사람들 발자국에선
벌써 눈꽃 한 송이씩 피어나고
찬란한 아성兒城, 아이들이 지나가네요

그 모든 것들의 향기, 삶이 지나가요
연인들이 입맞춤하듯 눈맞춤하세요
나 여기 너 거기

멀리 풀린 나사를 조금 조여야겠어요

늦가을 햇살은 빛바랜 추억
저 추억 퍼다
마음이 배고플 때 먹일 밥 짓고 싶어요

작은 두 손으로
이 큰 세상을 만져 볼 수 있으니
삶은 그래도 풍요로워요

늦가을 꽃들이 사람들을 부러워하네요

사람들만큼 오래도록 웃을 수 없으니까요

시장엔 대추 밤이 가득했어요

마음 뒤뜰로 나가

밤 하나 대추 두울 주워와야겠어요

산책 또는 놀이

마음 좋은 바람 손잡고
온종일 흔들흔들 놀아 보았다
하루 일 넘치게 했다고
산새가 날아가며 말해 주었다

나무는 서 있는 발자국
제자리걸음을 즐기는
나무들이 모여
제자리걸음 길을 가고 있었다

감자가 풍경風景처럼 꽃을 달고
토굴 속 명상을 키우고 있고
푸름으로 밀리는 밀밭 해안은
밀 향기 장단치며 놀고 있었다

마을에서 만난 해바라기들은
둥근 얼굴 위에 까만 씨 글씨를
쓰고 또 써넣어 읽고 있었고

소리를 자르는 칼,
침묵이 지나갈 때
조금씩 내려오는 하늘,
가랑비가 허공길을 거닐고 있었다
하늘에서 땅까지 산책하고 있었다

물속에 바람 속에

물속 가마우지,

몸통은 배
마음은 어부
발은 노

저 하나의 꿀
그
값하는 풍경

물고기들
물속에 집 짓고 사네

사람들
바람 속에 집 짓고 살 듯

물고기들

물에

밥 말아 먹고 사네

사람들

바람에

밥 말아 먹고 살듯

시간을 불러오라 공간이 텅 비어 있다
— 창덕궁

시간을 불러오라
공간이 텅 비어 있다

그들은 가고
역사는 왔다

드높은 담장만이 옛날을 지킨다

부채를 펼쳤는가
닻을 내렸는가
관람정 잔물결이 마음 현을 켠다

먼저 지고 나중에 피는 꽃
흰 눈 거기,
옛날 한 잎 피는가?

침묵이 울려 퍼진다

과거는 돌보다 침묵한다

말들이 사랑하면 시가 된다

말들이
서로 사랑하면
시가 된다

사랑은 시처럼 오고
시는 사랑처럼 온다

네가 몰라도
그들은 너를 안다

❋ 해설

감각의 교란과 주객의 전도

장영우(동국대 교수·문학평론가)

 동시영의 신작 시집『펜 아래 흐르는 강물』에 실린 시편을 통독하면서 즉각적으로 확인할 수 있는 특징은 이 시인의 인식체계와 언어감각이 독특한 법칙성을 지니고 있다는 사실이다. 동시영 시인은 언어의 색깔과 결에 대단히 예민해서 시어의 의미를 한껏 확장하고 심화시켜 예상치 않았던 새로운 의미로 변형시키는 데 탁월한 능력을 발휘한다. 이를테면, "눈 내려 / 하늘과 땅이 눈인사한다"(「말의 하늘에 오로라가 뜬다」) 같은 경우, 앞 구절의 '눈[雪]'과 뒷 구절 '눈인사[目禮]'의 '눈[眼·目]'은 전혀 다른 단어인데 한 문장에 배치함으로써 눈 내림[降雪]이란 곧 하늘과 땅의 가벼운 눈짓 인사, 교감交感이라는 놀라운 의미를 생성한다. 시인은 여기서 한 걸음 더 나아가 같은 시작품에서 "우아한 백조, / 백지의 날개 위에 시를 쓴다"라는 아름다운 이미지를 창출한다. 여기서 '우아한 백조'가 가리키는 대상이 무엇인지는 정확하지 않으나 아마도 '눈으로 뒤

덮인 대지[白地]'로 이해해도 무방할 터이다. 백지白地에서 '백조白鳥'란 단어를 발굴한 시인은 그 이미지를 곧바로 '백지白紙'로 치환하여 아무것도 없는 백지[白地·白紙]에 시를 쓰고 싶은 시인의 욕망을 투사하는 것이다. 이러한 언어유희는 『펜 아래 흐르는 강물』 곳곳에서 발견되는 것으로 이 시집을 읽는 재미를 선사할 뿐만 아니라, 사물과 세계에 대한 시인의 깊고 따스한 시선을 느끼게 한다.

꽃 아닌 것은 없다고
온 세상이 다 꽃 피어나고 있다

날마다 걸어 다니는 길이
꽃길이라고
모든 길이 다 꽃가지가 되고 있다

아이들 나와
미끄럼 타다
송이송이 꽃웃음 된다

길 가

눈사람 하나

꽃사람 웃음 피우고 있다
　　―「눈 내리는 날」 전문

 우리가 살고 있는 현세는 다양한 물상들이 저마다 개성적인 모양과 색깔로 존재한다. 그 두두물물頭頭物物의 온갖 물상을 하나로 통일시킬 수 있는 유일한 매개체가 바로 눈이다. 시인은 그 눈[雪]을 차가운 물체가 아닌 아름다운 꽃으로 바라보고 눈 덮인 세상을 화엄세계華嚴世界로 이해하고 있는 것이다. 「눈 내리는 날」이란 제하題下의 이 시에서 정작 '눈'이란 단어는 마지막 연의 둘째 줄 '눈사람'이란 단어에 한 번 쓰였을 뿐이다. 그러나 눈 밝은 독자들은 이 시의 '꽃'이란 시어가 무엇을 뜻하는지 금세 이해하고 시를 읽는 내내 즐거운 마음을 갖게 될 게 분명하다.

 바닷가 횟집에 들러 회를 먹으며 주변 풍경을 감상하다 시상詩想에 빠진 순간의 체험을 시화한 「해풍이 혀를 내어 핥아 주고 갔다」는 동시영 시의 언어유희가 얼마나 자연스럽고 능청스러운가를 잘 보여주는 또 다른 사례다.

바닷가 횟집,

회 한 **점**

풍경 한 **점**

시 한 **점**

자연산 회 같은

자연산 시 한 점

— 「해풍이 혀를 내어 핥아 주고 갔다」 부분

(* 시에서 강조 부분은 해설의 필자가 한 것임)

 어느 바닷가 횟집에서 회를 먹으며 한 편의 시를 얻은 순간을 그린 이 작품은 시 내용 그대로 군더더기 없이 깔끔한 "자연산 시"의 한 범례를 보여준다. 이 시에서 '회 한 점'을 먹다 문득 바깥의 '풍경 한 점'에 시선을 주고 그것을 곧바로 시상으로 발전시켜 '시 한 점'을 건져 올린 찰나의 희열은 '자연산 회'가 씹을수록 담백하되 그윽한 맛을 내는 것 같은 '자연산 시'로 구체화된다.

 동시영 시의 언어유희는 일반적인 동음이의어나 동어반복의 효과에 의존하기보다 그것을 가능한 한 넓고 깊게 확장하여 시에 가락을 붙이고 시의 의미를 명료하게 드러내는 데 기여한다. 이를테면, "**돌돌** 말린 **돌**이 몸 **굴려** 맘 **굴려** 살 듯 / **흘러 굴러 지굴러, 자굴러 굴러** 살았었지"(「산할미 사설」), "비 **내려** 물 **내려** 하늘 **내려**" "**산**이 혼자 나와 **목욕**하고 있다 / 날마다 할 일이 **산**처럼 쌓여 있어 / 이제야 겨우 **목욕**한다 했다", "산은 부끄러워 / 초록 옷 입은 채 / 세상 **몰래 몰래** / 목욕하고 있다"(「물방울에 기대어 엿보다」), "열매 **밴 돌배**나무 **배** 불러오는 / 황씨 아저씨네 능이 **백숙**"(「산골 이야기」) 등의 구절은 문득 떠오른 하나의 시어를 더욱 적극적으로 활용하여 리듬감을 살리고 시 읽는 재미를 배가시키는 이중의 효과를 거둔다. 이런 언어 운용에 맛들린 시인은 시어를 아예 전혀 다른 의미로 재해석하는 단계로 나아간다.

산책은 산뜻한 책

산인가 신인가 신비로운 그곳
맑은 물 다스리는 다슬기떼들
심심한 계곡물에 간하는 소금쟁이

어느 하늘 선녀가 심어 놓았나

개울가 개복숭아

포실포실 솜털 얼굴

계곡물이 툴툴거리며 흘러가고 있다

산에서 쫓겨난 물인가 보다

도시로 가는 게 싫은가 보다

　　—「산책」 전문

'산책散策'의 사전적 의미는 "휴식을 취하거나 건강을 위해 천천히 걷는 것"으로 풀이된다. 그와 비슷한 말로 '소요逍遙'가 있는데, 이 두 단어는 천천히 걷는 그 행위도 중요하지만 걸으면서 사색을 한다는 점에 더 큰 방점이 두어진다. 그러므로 '산책散策'을 그리 무겁지 않으나 지나치게 경박하지도 않은 한 권의 '산뜻한 책(교양서)'을 읽는 것으로 비유한 이 시의 첫 구절은 단순한 언어유희를 뛰어넘은 절구絶句라 할 수 있다. 시인은 이 작품에서도 역시 언어를 다루는 재미를 포기하지 않고 "산인가 신인가 신비로운",

"심심한 계곡물에 간하는 소금쟁이", "개울가 개복숭아"와 같은 유사음이나 의미의 활용에 능란하고 탁월한 재치를 발휘한다. 그러나 이 시에 이입되어 있는 시인의 감정은 마지막 세 연에 압축되어 있다. 마지막 세 연은 한 구절을 하나의 연으로 구분하여 시각적 효과와 은근한 여운의 효과마저 노리고 있는데, 계곡물이 아래로 흘러가며 내는 소리를 "툴툴거리며"로 들은 시인은 그 계곡물이 "산에서 쫓겨난 물"로 "도시로 가는 게 싫"어 툴툴거린다고 상상하는 것이다. 그것은, 굳이 풀어 설명하는 게 췌언이지만, 산에 왔다가 다시 도시로 돌아가고 싶지 않은 시인의 마음을 그대로 드러낸 것에 다름 아니다.

『펜 아래 흐르는 강물』에서 발견할 수 있는 또다른 특징은 시적 화자가 주체의 위치를 고집하지 않고 자유롭게 객체에게로 의식을 전이하여 사물을 거꾸로 관찰, 묘사한다는 점이다. 이러한 의식과 관점의 전환은 비단 동시영 시만의 특별한 장처長處라 할 수 없으나 동시영처럼 주체와 객체의 위치를 완전히 뒤바꾸기를 시도하는 사례도 흔한 것은 아니다. 가령, 그는 관객이 너댓 명밖에 안 되는 영화관의 풍경을 "스크린에서 나온 영화가 관객을 구경"하며

"사람들이 웃자 영화도 따라 웃"(「영화가 사람을 본다」)는다고 진술한다. 그것은 사람은 영화를 보는 주체이고, 영화는 사람에게 보여지는 객체라는 일반적 사실을 완전히 뒤집는 인식 행위이다.

비 내려 물 내려 하늘 내려

참고비 고사리 발랑 터질 때

산이 혼자 나와 목욕하고 있다

날마다 할 일이 산처럼 쌓여 있어

이제야 겨우 목욕한다 했다

산은 부끄러워

초록 옷 입은 채

세상 몰래 몰래

목욕하고 있다

물속에 흐르는

시간 주점 손님들

물방울에 기대어

엿보고 있다

―「물방울에 기대어 엿보다」 전문

이 시를 읽는 재미는 일차적으로 언어유희를 즐기는 데서 비롯되지만, 비가 억수같이 퍼붓는 산의 정경을 "산이 혼자 나와 목욕하고 있다"라고 에둘러 표현한 구절에서 더 큰 미적 쾌감을 느낄 수 있다. "비 내려 물 내려 하늘 내려"의 시 첫 구절은 압도적으로 퍼붓는 비의 기세를 간략하고 재미있게 표현한 것이다. 비가 가랑가랑 내리는 게 아니라 물 퍼붓듯 쏟아지고 마침내 하늘이 뚫리기라도 한 것처럼 장엄하게 내리는 정경을 "비 내려 물 내려 하늘 내려"라는 단순어법으로 압축한 언어적 능력은 탁발卓拔하다. 더군다나 인적이 거의 끊긴 채 비에 젖는 산의 정경을 벗는 게 부끄러워 초록 옷을 입은 채 몰래몰래 목욕하는 수줍은 처녀로 형상화한 제2연은 인간과 자연, 주체와 객체의 위치를 뒤바꿈으로써 비로소 발견한 아름다운 산의 진경眞景 묘사 바로 그것이다. 산처럼 쌓인 일상사에 지쳐 있다가 모처럼 목욕을 하며 진잡塵雜을 씻어내는 산의 적나라한 모습을 바라보는 화자의 심성도 저절로 정화淨化될 것은 두말할 필요조차 없는 일이다.

동시영에게 중심과 배경은 고정된 불변의 그 무엇이 아니라 생각에 따라 얼마든지 자리바꿈이 가능한 것이다. 따라서 "나도 내가 만든 내 것이 아니"라 "남이 만든 나를 내 것처럼"(「노동에 빠져야 삶을 건지는 사람들」) 여기며 살아간다. 실제로 현재의 나의 성공은 나 자신의 개인적 수련과 노력, 인내만으로 이룩한 것으로 오해하지만, 내가 지금의 나로 성장하기까지에는 수많은 주위 사람들의 이해와 도움, 협력이 뒷받침되었다는 사실은 흔히 간과되고 있다. 인간의 삶은 일방적으로 주거나 받기만 하는 관계가 아니라 서로 주고받는 상호관계로서, 그러한 관계를 시인은

> 사랑하다가 사랑해지고
>
> 쓰다가 써지고
>
> 듣다가 들리는
>
> 절대 능동으로 절대 수동을 만든다
>
> ─「노동에 빠져야 삶을 건지는 사람들」 부분

고 갈파하고 있는 것이다. 이러한 사고와 관계의 역전은 "산은 고독하지도 / 검소하지도 않다"라는 도발적 선언을 가능하게 한다. 왜냐하면 산은 "꽃향기 넘쳐나고 / 새들 노래로 더욱 사치로운 곳"이며 계곡물이 우렁차게 쏟아져 내리는 것도 "그 모든 것들이 가득으로 넘쳐"(「사치로운 산」) 흐르기 때문이다. 그러므로 이 시인은 "수탉은 아침

이 오라고 울지 않았다 / 예쁜 암탉이 오라고 울었다고 생각"(「다가의 노래」)하는 게 훨씬 자연스럽고 당연하다.

>   의자는 꽃
>
>   누군가 나비처럼 앉을 때
>
>   비로소 꽃이 되는
>
>   삶은 서로의 의자
>
>   나는 네게 앉고
>
>   너는 내게 앉아
>
>   비로소 꽃이 되는
>
>   ―「의자」 전문

'의자倚子'의 '倚'는 '의지하다, 기대다, 인연하다'란 뜻을 가지고 있다. 따라서 '의자'란 내 몸을 의지하고 기대는 물건을 가리킨다. 의자가 텅 빈 공간에 홀로 놓여 있으면 특별한 의미 없는 정물靜物에 지나지 않지만 누군가 피곤한 몸을 쉬러 그곳에 앉을 때 "비로소 꽃"이 된다. 이때의 '꽃'은 아마도 김춘수적 의미의 '꽃'으로 이해해도 크게 잘못이 아니라 생각한다. 사람을 뜻하는 한자[시가 서로 기댐으로써 균형을 유지하듯, 사람살이는 서로가 서로에게 의지하는 관계로 유지되며 참된 의미를 갖는다. 이처럼 꽃, 즉 의미 있는 관계로 아름답게 피어나고 화려한 향기를 발산하기 위해서는 서로가 서로에게 필요한 존재라는 의식의 전환이 필요한 법이다.

  동시영의 『펜 아래 흐르는 강물』에 실린 시편들이 주로 발랄한 언어감각과 객반위주客反爲主의 인식체계에서 발원한다는 것은, 이 시인이 동심童心과 직관直觀을 잃지 않고 있음을 반증한다. 비근한 예로, 빗속의 산 모습을 사람 눈에 띄는 게 부끄러워 초록 옷을 입은 채 몰래 목욕하는 여성의 모습으로 상상하는 것이야말로 동심과 직관의 탁월한 보기라 할 수 있다. 하지만 동시영의 시가 동심과 직관에만 오롯이 기대는 것은 아니어서 그런 상상력과 표현이 오랜 관찰과 사색, 자기성찰의 과정을 통해 숙성된 결실이라는 점을 잊어서는 안 된다. 이를테면 동시영은 "봄날의 다디단 꿀도 / 벌들의 쓰디쓴 노동으로 만든다"(「멀리 사는 그리움 하나」)는 자명한 사실을 깊이 인식하고 있으며, "삶은 서로 구경하기"(「사진 속으로 흐르는 강」)면서 "사는 건 눈물겨운 웃음"(「노동에 빠져야 삶을 건지는 사람들」), 또는 "미소 짓기는 삶 짓기"여서 "밥 짓듯 미소를 지어야" 한다는 점을 누구보다 잘 이해하고 있다. 그는 "목숨엔 눈물도 모르는 / 슬픔이 있"(「목숨엔 눈물로 모르는 슬픔이 있다」)는 아득한 절망에 좌절하기도 하지만 이내 "짜증에게 삶의 즙을 짜주지 말아야지"라고 다짐하면서 "이유 없이 웃으면 / 이유 없이 행복"(「웃음 하나 불러 타고」)하다고 한껏 얼굴을 펴고 미소를 짓는다. 그의 시에 유달리 '꽃'·'웃음'·'사랑'·'행복'과 같은 긍정적이고 밝은 시어들이 자주 눈에 띄는 것은 전적으로 "그래도 삶은 행복 / 불행도 / 불행으로 포장한 행복"(「앙상한 앙가주망」)으로 치환하는 주객전도의 상상력 때문이다.

말들이

서로 사랑하면

시가 된다

사랑은 시처럼 오고

시는 사랑처럼 온다

네가 몰라도

그들은 너를 안다

　―「말들이 사랑하면 시가 된다」 전문

　어려운 한자어나 외래어가 하나도 없고, '말'·'사랑'·'시'란 시어가 반복적으로 쓰인 이 시는 『펜 아래 흐르는 강물』에 실린 동시영의 시세계를 이해하는 데 나침이 될 만한 '시론詩論'으로서의 역할을 담당하는 것으로 생각한다. 시는 언어와 언어의 결합과 조화에 의해 형식을 갖추고, 거기에 쓰인 시어는 본래 가지고 있던 색깔과 다른 의미로 재해석되어 전혀 새로운 세계를 형상화한다. 언어와 언어가 불화하고 갈등을 일으키면 말이 어긋나고 뜻이 통하지 않으므로 시어는 서로 긴밀하고 유기적으로 결합해야 하는데 그 결합의 원리가 사랑이다. 사랑은 내가 원한다고 이루어지는 게 아니듯, 내가 의식하지 못한 순간 불쑥 들이닥치기도 한다. 시도 사랑과 마찬가지로 간절히 원해도 머리 혹은 입속에서만 뱅뱅 맴돌기도 하고, 가장 다급하거나 한가한 시간에 기적처럼 한 구절의 시어가 떠오르기도 한다. 공기같은 시와 사랑을 잡기 위해서 시인은 "피어나는 송이마다 꿀벌이 꿀 모으"듯 "피어나는 순간마다 나는 시를 모"(「바람에 살짝 섞여 불다 나온 시」)아야 하며, "내 맘 속 생각씨 / 하나씩 싹터"(「탯줄」)오는 순간 "새를 따라 날던 내 마음 펜으로 / 기다림 백지 위에 / 편지를 쓰"(「방울새」)듯 혹은 "주머니 속 동전도 써야 물건을 가져오듯 / 써야 시를 가져온다고"(「옛날의 무성한 소문, 전설을 듣다가」) 믿어 한 줄의 시를 쓴다. 어렵게 건져 올린 한 편 시는 "행복을 쓰는 잉크"(「행복을 쓰는 잉크 같은 지금」)처럼 강렬하고 신선하며 건강하다. 이렇듯 동시영 시가 행복과 사랑을 노래할 수 있는 까닭은 "사랑에 물들지 않으면 / 삶의 빛깔을 모"(「사랑에 물들지 않으면」)르듯, "나는 사랑의 입"(「사랑에 나부끼는 돌」)이 되어 사랑과 행복을 전파하는 일에 진력하고 있기 때문이다.

 그리고 동시영 시인은 이 시집에 나온 여러 배경처럼 깊은 산속이나 도시에서 멀리 떨어진 바닷가에 '자연인'처럼 살아가는 건 아니다. 그가 때로 고구마를 캐고 다람쥐를 볼 수 있는 숲길을 산책하긴 해도 도시에서 완전히 벗어난 것 같지는 않다. 다만 그는 어쩔 수 없이 도시에서 생활을 영위하면서 정신적으로는 늘 산과 바다, 자연 속에서 소소한 자유를 누리고 싶어 하는 듯하다. 그에게는 계절의 변화나 다람쥐의 본능적 행위 같은 것이 모두 시적 소재나

온전한 시 한 편과 맞바꾸어도 좋은 참신한 견문이기 때문이다. 하여,

> 눈보다 더 멀리 보는 귀가
> 소리 거울로 듣고 있을 때
> 가을 잎이,
> 한 편의 시를 떨구고 있다
> ―「가을 숲」부분

와 같은 깔끔한 서정시 한 편을 정갈하고 투명한 색깔로 물든 단풍잎 줍듯 건질 수 있는 것이다.

그는 등단 18년 만에 아홉 권의 시집(시선집 1권 포함)을 상재할 만큼 폭발적이고 집요한 창작의욕을 보여주었다. 그의 시세계를 단적으로 평가하기에는 아직 이르지만, 『펜 아래 흐르는 강물』의 경우 일상적이고 평범한 감각을 철저하게 교란하여 사물을 새롭게 해석하고, 주체와 객체의 위치를 뒤바꾸어 내가 네가 되고 네가 내가 되어 보는 역지사지易地思之의 상상력이 그의 의식의 밑바탕에 깊고 넓은 강물로 흐르고 있음은 분명해 보인다. 그는 사방이 훤히 트인 원두막에서도 "바람이 벽이다 / 벽 없는 벽이 바

람 속 거울"(「바람에 살짝 섞여 불다 나온 시」)이라며 언어유희의 즐거움과 함께 깊은 벽壁과 거울[鏡]의 절묘하고도 놀라운 대비로 신선한 충격을 준다. 잘 아는 것처럼 원두막에는 벽이 없다. 그런데 한글사전에는 '바람벽'이란 단어가 등재되어 있는데, 이는 일반적 의미의 '벽'과 특별한 차이를 보이지 않는다. 그러므로 "바람이 벽이다"란 구절은 모순어법처럼 보이면서 '바람벽'을 풀어 쓴 또 다른 언어유희의 예이고, 눈에 보이지 않지만 벽은 어느 곳에나 존재한다는 시인의 깨달음의 한 단면을 보여주는 명제이기도 하다. 나는 이 구절에서의 '벽'과 '거울'을 달마의 '벽관壁觀'과 문학적 상징으로서의 '거울'로 읽고 싶은 충동에 빠진다. 왜 달마는 소림사의 동굴 속으로 들어가 아무것도 되비추지 않는 벽을 바라보며 선정禪定에 들어갔을까. 그에 비해 만물을 있는 그대로 비추는 거울은 때로 갈등과 질시嫉視 등 만악의 근원이 되기도 한다. 이 점에 대해서는 길게 상론할 여유가 없으므로 여기서 멈추지만, 「바람에 살짝 섞여 불다 나온 시」의 첫 연은 압권이다.

이 시집에는 제목이 그 작품의 주제를 드러내는 경우가 여럿인데 「보이지 않는 것은 보이는 것의 이정표」란 시도 그러하다. 이제까지 본 것처럼, 동시영 시인은 우리의 감각으로 느낄 수 있는 것 이면裏面 혹은 바깥에 있을지도 모를 그 무엇의 존재에 더 많은 관심을 기울인다. 그것은 상식과 보편에 기대어 모든 것을 자의적으로 판단하는 일상적 삶의 방식에 대한 전면적인 항거요, 도전이다. 동시영 시가 가볍고 경쾌한 느낌을 주는 것은 그의 독특한 언어 운용, 특히 언어유희 기법 때문이지만, 나와 너의 처지를 뒤바꿔 생각하는 활달하고 자유로운 상상력이 시세계의 영역을 더욱 넓혀준다. 그러한 그의 태도는 "나는 타자다 Je est un autre."라고 선언했던 프랑스 상징파 시인 랭보Jean Nicolas Arthur Rimbaud의 언명을 떠올리게 하며, 감각을 교란하는 기법 역시 랭보가 당대의 시인 폴 드므니Paul Demeny에게 보낸 편지의 한 구절을 연상시킨다. 랭보가 "시인은 모든 감각들의 오래되고 이치에 맞지 않는 착란에 의해 견자見者, voyant가 된다"고 한 말의 의미 그대로, 동시영은 '이 세상을 (새롭게) 보는 자'로서의 시인의 길을 자기 시의 한 구절처럼 힘차게 헤쳐 가는 눈맑은(밝은) 시인 가운데 한 사람이다.

방랑에 잡힌 랭보의 꿈처럼
그물 속 생선으로 펄떡이고 있다
―「오늘 흘린 시간」 부분

현대시학 시인선 069

펜 아래 흐르는 강물

초판 1쇄 발행	2021년 4월 15일
지은이	동시영
발행인	전기화
책임편집	문지현
발행처	현대시학사
등록일	1969년 1월 21일
등록번호	종로 라 00079호
주소	서울시 종로구 계동길 41
전화	02-701-2341
블로그	http://blog.daum.net/hdsh69
이메일	hdsh69@hanmail.net
배포처	(주)명문사 02-319-8663
ISBN	979-11-86557-91-4 03810

○ 책값은 뒤표지에 있습니다.
○ 이 책의 판권은 지은이와 현대시학사에 있습니다.
  이 책 내용의 전부 또는 일부를 재사용하려면 반드시 양측의 서면 동의를 받아야 합니다.
○ 잘못 만들어진 책은 구입하신 서점에서 교환해드립니다.